El Muñeco de Nieve Mágico

Ana Villena

Era una fría mañana de invierno y todo el pueblo estaba cubierto de una gruesa capa de nieve.

Los niños del pueblo decidieron construir un gran muñeco de nieve en el parque central.

Eligieron la nieve más blanca
y suave para que su muñeco
fuese perfecto.

Lo hicieron muy alto, con una enorme sonrisa hecha de piedras y una nariz de zanahoria.

"Es el muñeco de nieve más bonito que hemos hecho nunca", dijo uno de los niños con orgullo.

Pero cuando se hizo de noche,
algo increíble sucedió.

Una estrella fugaz cruzó el
cielo y su luz tocó al muñeco
de nieve.

De repente, el muñeco de nieve cobró vida y empezó a moverse lentamente.

"¿Dónde estoy?" preguntó el muñeco sorprendido.

El viento susurró a su alrededor: "Estás en un pueblo mágico donde todo es posible."

El muñeco decidió explorar el pueblo mientras todos dormían.

Pasó por las casas, maravillado por las luces navideñas que decoraban las ventanas.

Llegó hasta el árbol de Navidad del pueblo, que brillaba con luces de mil colores.

"Qué hermoso es todo esto", pensó el muñeco, sintiéndose feliz.

Mientras caminaba, vio a un niño mirando por la ventana de su casa, triste.

El muñeco se acercó y le preguntó: "¿Por qué estás triste en una noche tan mágica?"

"Porque Papá Noel no vendrá este año, no tenemos árbol ni regalos", respondió el niño.

El muñeco de nieve decidió
ayudar al niño y pensó en una
idea brillante.

Fue hasta el árbol de Navidad del pueblo y, con un toque mágico, tomó una rama luminosa.

Luego, la llevó a la casa del niño y la plantó en una maceta. La rama comenzó a crecer hasta convertirse en un pequeño árbol de Navidad.

"¡Es un milagro!" gritó el niño, emocionado.

Pero el muñeco de nieve no había terminado; con otro toque mágico, hizo aparecer pequeños regalos alrededor del árbol.

"Ahora tendrás una Navidad especial", dijo el muñeco, sonriendo al niño.

El niño, lleno de alegría, corrió hacia el muñeco y lo abrazó.

"Gracias, nunca olvidaré esta noche mágica", dijo el niño.

Al amanecer, el muñeco regresó al parque central y se quedó quieto en su lugar, como si nada hubiera pasado.

Los niños del pueblo volvieron y vieron al muñeco como siempre, pero algo era diferente.

"Parece que está sonriendo más que ayer", dijo uno de ellos.

Aunque nadie lo sabía, el muñeco de nieve había vivido una noche mágica y había hecho feliz a un niño.

Y cada Navidad, el niño miraba al muñeco de nieve con gratitud, sabiendo que era más que un simple adorno.

Agradezco de corazón que hayas elegido este libro. Espero que disfrutes cada página tanto como yo disfruté creándolo.

Si te ha gustado la historia, te invito a dejar una reseña o un comentario. Tu opinión no solo me ayuda a mejorar, sino que también ayuda a otros lectores a descubrir el libro.

¡Gracias por ser parte de esta aventura literaria!

Made in the USA
Las Vegas, NV
07 December 2024

13545832R00021